53

RECHERCHES.

Ces Recherches ont été publiées dans les n°s 2, 3 et 4 du
Bulletin du Jurisconsulte, 1re année.

IMPRIMÉ PAR BÉCHUNE ET PLON, A PARIS

RECHERCHES

SUR

LA LÉGISLATION ET LA TENUE DES ACTES

DE L'ÉTAT CIVIL;

2ᵉ ÉDITION.

Suivies 1° d'une **Notice** sur la législation relative aux signatures
et sur les anciennes signatures ;

2° de **Recherches** sur les lois romaines et françaises,
puisées dans les écrits de **Platon** ;

Par M. Berriat-Saint-Prix,

Membre de l'Institut, professeur à la Faculté de Droit de Paris.

PARIS,

VIDECOQ PÈRE ET FILS, LIBRAIRES-ÉDITEURS,

PLACE DU PANTHÉON, 5.

1842.

RECHERCHES

SUR

LA LÉGISLATION ET LA TENUE DES ACTES

De l'État civil,

DEPUIS LES ROMAINS JUSQU'A NOS JOURS;

Par M. Berriat-Saint-Prix (1).

On entend en général par *état civil* la position d'un individu à laquelle sont attachés en quelque sorte des droits et des devoirs;... c'est l'état d'un homme qui fait partie d'une société nombreuse et qui jouit des prérogatives accordées aux membres de l'association.

Lorsque les sociétés se civilisèrent, elles durent établir des règles pour reconnaître les individus qu'elles comptaient ou qu'elles admettaient au nombre de leurs membres.

Nous voyons en effet que les peuples les plus anciens dont l'histoire nous retrace le souvenir, avaient établi plusieurs de ces règles. Il suffit pour notre objet, de jeter un coup d'œil rapide sur celles qu'avaient adoptées les Romains. C'est d'ailleurs la législation des Romains plus que celle de tout autre peuple, qui a servi de modèle à la nôtre.

Les naissances, les adoptions, les mariages, les divorces et les décès sont des actes ou les événements les plus remarquables de la vie des hommes, et les plus propres dès lors à constater leur état ou leur condition. Ce sont aussi ces actes ou événements dont, à l'imitation des Romains, du moins pour les actes de naissance et de décès, les législateurs modernes se sont attachés à constater le temps et les circonstances, dans des registres authentiques, tenus par un fonctionnaire public.

(1) Lu à la Société royale des Antiquaires de France, les 19 et 29 novembre 1830, cet opuscule fut, en vertu de ses délibérations, inséré dans le tome IX, pages 245 et suiv., de ses Mémoires, publié en 1831, mais avec un grand nombre de fautes grossières (des lettres omises, des mots en blanc, etc.), occasionnées, dit-on alors, par un accident arrivé à son imprimerie. D'ailleurs les Mémoires de la Société sont tirés à un fort petit nombre d'exemplaires, et ne sont guère recherchés que par des personnes s'occupant plus d'archéologie que de droit. Enfin nous y avons fait quelques additions.

1

Il faut cependant observer une grande différence sur ce point entre la législation des Romains et la nôtre. Les formalités auxquelles ils s'étaient attachés, avaient un objet plutôt politique que civil ; ils voulaient s'assurer de la situation de leur empire ou s'en procurer une espèce de statistique, bien plus que constater l'état particulier de chaque individu. Les ordonnances des rois de France ont eu, au contraire, pour but principal de constater cet état particulier.

La plus ancienne loi romaine, que nous connaissions sur l'état civil, fut rendue par Servius Tullius. Ce prince ordonna (1) qu'on déclarerait les naissances des citoyens au gardien du trésor du temple de Junon Lucine, les décès à celui du temple de Vénus Libitine, et la *prise* de la robe virile à celui du temple de la Jeunesse.

La première de ces deux déclarations mérite que nous nous y arrêtions un instant.

Elle est appelée, dans le droit et les auteurs, *professio natalis , professio apud acta* ou *in actis*. Les lois que nous citerons en font mention, et plusieurs passages de Suétone, de Juvénal , de Julius Capitolinus et d'Apulée, la rappellent également.

Suétone, dans la Vie de Tibère, chap. 5, s'exprime ainsi : *Natus Tiberius Romæ post bellum Philippense , M. Æmilio Lepido et Munatio Planco Coss... sic enim in fastos actaque publica relatum est...* Et dans celle de Caligula, chap. 8 : *Ego in actis Antii ipsum invenio editum.*

On trouve, dans la neuvième satire de Juvénal , les vers suivants (vers 82 à 85) :

> Nullum ergo meritum est, ingrate ac perfide, nullum,
> Quod tibi filiolus vel filia nascitur ex me?
> Tollis enim ; et *libris actorum* spargere gaudes
> Argumenta viri.....

Dussaulx traduit assez bien ce passage, excepté que les mots *actes publics,* dont il se sert, sont trop vagues ; ils n'indiquent pas d'une manière assez précise les registres que Juvénal avait en vue. «N'est-ce donc rien, ingrat, que de t'avoir fait présent d'un fils et d'une fille? Tu les élèves cependant ; et tu sèmes dans les actes publics ces preuves de ta virilité. »

Julius Capitolinus indique ces registres non-seulement dans la vie de Marc-Aurèle que nous citerons tout à l'heure, mais encore dans celles des trois Gordiens (Hist. Auguste, édit. de 1620, p. 152) : *Satis constat quod filium Gordianum nomine, Antonini signo illustravit*

---

(1) *Denys d'Halicarnasse,* in-fol., 1588, p. 117.

quum apud præfectum ærarii , more Romano... PUBLICIS ACTIS
ejus nomen insereret (voy. aussi Saumaise et Casaubon sur ce passage).

Quoi qu'il en soit, comme cette déclaration et celle de la prise de la robe
virile furent assujetties à une taxe, on ne peut méconnaître l'intention vér
table et *statistique*, s'il est permis de s'exprimer ainsi, du législateur.
Outre que l'histoire l'indique positivement, l'institution célèbre du CENS,
dont Servius Tullius fit suivre la loi sur les déclarations, ne permet guère
d'en douter. Les registres des déclarations étaient très-vraisemblablement
destinés à servir de contrôle à ceux du cens.

Quum vellet, dit le traducteur de Denys d'Halicarnasse, au lieu déjà
cité, *quum vellet scire quis esset numerus urbanæ multitudinis...
undè dignoscere poterat quot annis et quis esset omnium civium
numerus, et quis ex illis militari essent ætate... His constitutis,
jussit omnes Romanos nomina dare, et sua bona censere...*

Si, comme les législateurs français, les Romains, en établissant les déclarations précédentes, eussent eu pour but principal de constater l'état des
particuliers, ils auraient entouré ces déclarations de formalités suffisantes
pour leur donner de l'authenticité, et pour en faire le premier titre de ce$_t$
état, et l'on peut d'autant mieux le conjecturer, qu'ils n'étaient pas avare$_s$
de solennités même dans des actes assez indifférents. (*V.* notre *Hist. du
Droit,* 1821, p. 52 et suiv.)

Ces déclarations auraient dès lors obtenu une pleine foi en justice ainsi
que celles qui sont établies par les lois françaises. C'est ce que nous ne
voyons ni dans ce qu'on nous rapporte des décisions de Servius Tullius,
ni dans les lois interprétatives postérieures. Ces dernières lois supposent
au contraire que les déclarations civiles, comme celles du cens, étaient
faites sans aucune solennité et surtout sans la présence des témoins dont
l'attestation, à Rome, servait à constater toutes les transactions sociales.

Elles décident en conséquence : 1° Que les déclarations ne suffisent point
pour constater la filiation ou l'état; 2° Qu'elles n'excluent point de la
preuve d'un autre état; 3° Qu'elles ne nuisent point lorsqu'on veut en
établir un différent; 4° Que leur omission n'empêche pas non plus la
preuve de l'état.

Voyez sur ces divers points, les *lois* 14, *C. de probationibus;* 15,
22, 24 et 39, *C. de liberali causâ;* 29, *D. de probationibus;*
7, *C. de donationibus:* 6, *C. de fide instrumentorum.*

Mais une loi, qui ne laisse aucun doute sur ce que nous avons avancé
relativement au peu d'importance qu'on attachait à l'effet des déclarations
lorsqu'il s'agissait de l'état des particuliers, est la loi 13e au Digeste, *de
probationibus.* Elle décide que lorsqu'il y a de l'incertitude ou une con-
testation sur l'âge d'un homme, et que l'on produit plusieurs déclara-

tions (1) différentes de cet âge, le juge doit faire une enquête sur ce point.

Il est donc évident que les déclarations de l'état civil ne se faisaient pas avec les mêmes détails de circonstances, ni avec la même solennité que les nôtres ; que c'étaient de simples indications que le père ou même les autres parents (2) donnaient aux magistrats chargés de recueillir les renseignements propres à offrir une idée des forces de la république ou de l'empire.

Et ce qui le prouve encore, c'est que Suétone, dans le chapitre déjà cité de la Vie de Caligula, après avoir dit que les actes publics attestent que ce monstre est né à Antium, se croit néanmoins obligé de fortifier cette preuve par d'autres considérations, dont elle n'aurait certainement pas eu besoin, si ces actes avaient eu la même authenticité et la même autorité que les nôtres.

Il est vrai que, suivant Julius Capitolinus (3), Marc-Aurèle rendit sur l'état civil une loi qui n'avait pas le même but politique. Elle enjoignait à chaque citoyen de déclarer les naissances de ses enfants (30 jours après qu'il les aurait nommés) aux préfets du trésor de Saturne, à Rome, et dans les provinces, à des greffiers que l'empereur établit pour cet objet. Ce monarque philosophe avait, dit-on, l'intention de faciliter la preuve de l'état des hommes libres.

Si nous parcourons quelques-unes des décisions nombreuses rendues par Marc-Aurèle et les empereurs de sa famille en faveur des hommes libres à qui l'on contestait leur état, et qui sont insérées ou extraites dans les livres 40e du Digeste et 7e (25 premiers titres) du Code, l'intention indiquée par Capitolinus est assez probable. Cependant il est difficile de la concilier avec les lois interprétatives que nous avons citées, et qui, à l'exception de deux, des lois 13 et 16, D. de probationibus (voy. not. 1 et 2), sont postérieures à l'édit de Marc-Aurèle. Peut-être cet édit ne

---

(1) Cùm.... ætatis..... diversæ *professiones* proferuntur....., dit-elle. — Voyez la note suivante.

(2) Etiam matris *professio* filiorum recipitur, sed et avi recipienda est. (Loi 16, au Digeste, *de Probationibus*.)

Pothier (Pand., *de Probationibus*, lib. XXII, tit. 3, n° 16, et *de Testibus*, lib. XXII, tit. 5, n° 5) entend ce mot *Professio* comme signifiant une déposition de témoins ; mais, en premier lieu, il ne cite aucune autorité à l'appui de son explication. En second lieu, le jurisconsulte qui s'est spécialement occupé de cette matière, et auquel en conséquence le savant Bynckershœck (note du *Corpus juris* de Gebauer, sur la loi 16 *de Probat.*) renvoie pour l'interprétation de la *professio*, Guy Pancirole (*Thesaurus variarum lectionum*, lib. II, c. 49, édit. de 1617, in-4°, page 233), nous paraît avoir démontré jusqu'à l'évidence que *professio* signifie *déclaration*, dans les lois 13 et 16... La loi 16, observe-t-il, étend à la mère et à l'aïeul, le devoir imposé d'abord au père seul, de *déclarer* la naissance de ses enfants.

(3) Vie de Marc-Antonin, Hist. aug., p. 26. — Au reste, Julius Capitolinus n'est pas un historien très-exact ; il dit, par exemple, que Marc-Aurèle institua, le premier, les déclarations de naissance ; ce qui est évidemment faux ; mais peut-être le texte de son ouvrage a-t-il été altéré.

prescrivait-il pas les formes nécessaires pour remplir cette intention, ou peut-être encore ne fut-il pas exécuté dans toutes ses dispositions (1).

Quoi qu'il en soit, il nous paraît toujours certain qu'à l'inverse des législateurs français, les Romains, dans leurs lois relatives au mode de constater l'état des particuliers, eurent un but plutôt politique que civil, et qu'en conséquence ils négligèrent la plupart des mesures utiles qu'ont prises les Français. D'ailleurs ils n'en prescrivirent point relativement à plusieurs des événements les plus importants pour l'état civil, tels que le mariage, l'adoption, le décès.

Cet oubli pourrait peut-être expliquer jusqu'à un certain point la négligence singulière des ecclésiastiques à constater les mêmes événements avant la première loi française relative à l'état civil, c'est-à-dire l'ordonnance de 1539 (2), parce que le droit romain étant suivi alors en France, ou comme règle ou comme raison écrite, formant d'ailleurs le fond d'une foule de titres du droit canonique, et étant enfin enseigné dans toutes les universités, il fut assez naturel qu'ils jugeassent inutile de faire des actes qu'il avait passés sous silence, ou pour lesquels il ne prescrivait pas toutes les formes nécessaires ou utiles.

Les plus anciens registres de l'état civil de Paris, et à notre connaissance on n'en trouve dans aucune ville, d'époques plus reculées que dans la capitale (3), remontent à l'an 1515 (paroisse Saint-Jean-en-Grève). Dans l'intervalle qui s'écoula depuis, jusqu'à l'ordonnance de 1539, quinze paroisses ont des registres de baptêmes, tandis que les registres des mariages ne se trouvent que dans trois paroisses, et les registres des décès dans une seulement.

Bien plus, ce ne sont point des actes qu'on lit dans ces quatre registres, mais de simples indications qu'on peut considérer comme des tables, et des tables très-incomplètes.

Par exemple, dans celui de Saint-Jacques-la-Boucherie, on ne désigne que le mois où se sont faits les mariages, et les prénoms des époux. Ainsi on y lit, au premier feuillet (en chef) : *Septembre* (1523), et au-dessous : *Vincent Danet, Marie Empereur;* et enfin en marge : *nupti.*

Le curé de Saint-Landry, quoique un peu moins laconique, n'a fait encore qu'une espèce de table. Voici un de ses premiers actes (feuillet 27) :

« Item (27 octobre 1526) furent fiancés Jean Bertellot et Pasquière la » lingière. »

---

(1) On peut cependant opposer la loi 13 au Code, *de probationibus*, qui donne aux déclarations de naissance l'effet de constater la parenté.

(2) Bornier observe que c'est la plus ancienne loi pour les baptêmes. *Comment. sur l'ordonn. de* 1667, tit. XX, art. 9.

(3) Voy. à la fin du mémoire la note A, p. 25.

« Item furent espousés par dispense lesdits Bertellot et la lingière le
» 24 novembre. »

Même remarque pour le registre unique des sépultures ou le registre
de Saint-Landry. Il suffira d'en rapporter les deux actes suivants :

« Le jeudi 24 d'août (an 1532... Le mois est surchargé), morut la
» fille de Berthaut (feuillet 87). »

« Le 21 juillet 1537 morut Philippe Prost, mari de la grande Coleste,
» est enterré ès-cimetière de céans (feuillet 90). »

Quoique les actes de baptêmes soient également très-imparfaits, au
moins y indique-t-on le nom du père ou celui de la mère, et souvent les
noms du père et de la mère et ceux des parrains et marraines. En voici
des exemples tirés, les deux premiers des registres de Saint-Landry, le
troisième, de Saint-Étienne-du-Mont, le quatrième, de Saint-Méry.

« Le 29 juillet (1529) un fils à (nom en blanc), maçon chez Philipot
» Brouart, nommé Philippe. Parins ledit Brouart et Ambroise.

« Item le dernier août (1529), une fille à Pierre Legendre nommée Ga-
» brielle ; marine Gabrielle de Chantepie.

» Du 12 (août 1530), Jacques, fils d'Étienne Pigou et Jacqueline de
» Beauchamp. M. Robert de Bouyer et Claude Bernard parains ; Melotte
» Desgrès maraine.

« Le 26 (décembre 1536), fut baptisée une nommée Noelle, fille de
» Guillaume Lallemand ; le parein Pierre Desmares, les marines Denise
» Denobret et Catherine Leclerc. »

On pressent que les contestations relatives à l'état des particuliers durent faire sentir souvent le besoin d'établir des règles différentes, et cependant ce fut une circonstance tout à fait étrangère à cet état qui déter-
mina le législateur à s'en occuper.

Par son concordat avec Léon X, dont les suites funestes pèsent encore
sur nous, puisqu'elles ont à peu près entraîné la destruction d'une grande
partie des libertés de l'Église gallicane, François Ier, nommé par la flatte-
rie le grand roi, avait maintenu le pape dans un droit de *Prévention*
pour la nomination de tous les bénéfices, ou, en d'autres termes, avait
déclaré valables toutes les nominations du pape antérieures à celles des
collateurs légitimes.

On conçoit que lorsqu'un bénéficier décédait à une certaine distance
de la résidence des collateurs, ou bien dans des circonstances où
sa mort ne devait pas leur être promptement connue, les ecclésiastiques
qui craignaient de n'être pas choisis se hâtaient d'envoyer demander au
pape le bénéfice ; et si leur nomination précédait celle de l'élu légitime,
ils lui étaient préférés... De sorte qu'alors l'aptitude à remplir un bénéfice,
aptitude qu'auraient dû fonder uniquement les mœurs, la vertu, la piété,

le zèle dans l'accomplissement des devoirs religieux, fut conférée sans appel par le postillon le plus alerte... C'est ce qu'on appelait *prendre date à Rome*, et plus communément *Courir un bénéfice*.

Mais comme il était difficile, malgré l'agilité du courrier, que souvent les collateurs d'un bénéfice ne fussent informés de sa vacance avant que ce courrier fût arrivé à Rome, les héritiers ou domestiques des bénéficiers tenaient leur mort cachée, et, de crainte que l'infection ne la dévoilât, embaumaient leurs corps pour donner le temps nécessaire à leur envoyé. Voilà ce que nous apprennent Bourdin, commentateur contemporain de l'ordonnance de 1539, et Fontanon, autre commentateur qui vivait dans le seizième siècle, et ce qui résulte d'ailleurs évidemment de la même ordonnance.

Pour remédier à cet abus, elle décide (art. 51) que les chapitres, couvents et curés *feront* un registre de la mort des bénéficiers ; enjoint (art. 54), sous peine corporelle, à leurs domestiques de déclarer sur-le-champ les décès de leurs maîtres ; ordonne (art. 55) de faire *inquisition* sur l'époque de ces décès avant la sépulture, et défend (art. 56), sous peine de confiscation de corps et de biens, de garder les cadavres des ecclésiastiques.

Ainsi le désir de conserver aux collateurs leur droit de nomination fit instituer les registres des décès ; mais ce qu'il y eut de plus utile, c'est qu'il conduisit par occasion à l'établissement des registres des baptêmes, à la prescription de quelques mesures qui pussent donner de l'authenticité à ces deux genres d'actes, pour que, à l'inverse du droit romain, ils fissent pleine foi, l'un de l'âge et l'autre de l'époque du décès (art. 50 et 51) ; enfin, à l'idée de déposer tous les registres de l'état civil dans les greffes des tribunaux.

En effet, dans l'art. 52, on prescrit de constater le temps et l'heure de la nativité ; dans l'art. 53, de faire signer les registres de décès et de baptêmes par un notaire, indépendamment du curé ou du notaire des chapitres et couvents ; enfin, dans l'art. 54, de déposer annuellement ces registres aux greffes des bailliages ou sénéchaussées.

Avant d'aller plus loin, observons que cette dernière et si utile mesure du dépôt, renouvelée dans la suite par les ordonnances ou édits de 1579, 1595, 1629 et 1667, ne put jamais être exécutée, et que les ecclésiastiques surent se soustraire aux peines prononcées par les lois pour leur désobéissance. Il fallut deux siècles pour les soumettre, et ce ne fut qu'en 1736, lorsque Louis XV ou plutôt d'Aguesseau eut établi des registres doubles, que les greffes des tribunaux furent enfin mis en possession de ces documents si importants pour la tranquillité des familles et des particuliers.

On ne fut pas d'abord plus heureux quant à l'exécution de la mesure qui prescrit l'indication du temps et de l'heure de la naissance. Il n'y a presque aucune paroisse où on l'ait faite, et cela sans excepter celles, telles que Saint-André-des-Arts, où l'art. 52 était transcrit; et l'omission existe même dans les baptêmes qui en suivent immédiatement la transcription.

On a vu que, quant aux actes de décès, l'ordonnance ne parle expressément que de ceux des bénéficiers; mais probablement d'après quelque déclaration interprétative, elle dut être étendue peu de temps après aux décès des laïques, puisque l'ordonnance de 1579 (art. 181) enjoint à tous les curés d'en déposer chaque année les registres.

Mais sans doute, soit à cause de l'incertitude qui régna d'abord sur ce point, soit à cause de l'incurie des rédacteurs, les actes de ce genre furent aussi laconiques que ceux que nous avons déjà cités. Ainsi les premiers actes qu'on trouve dans les registres de Saint-Nicolas-du-Chardonnet sont ainsi conçus :

« Le 9 janvier 1555 décéda Anne Boisgarde. »

« Le 11, Perrette Roussel décéda. »

Dans d'autres, à Saint-André-des-Arts par exemple, on n'inscrivit pendant long-temps que les décès des individus enterrés dans les églises.

Au reste, jusqu'à l'ordonnance de 1667, ce sont les actes qui ont été rédigés avec le plus de brièveté, ou pour mieux dire le plus de négligence. Nous en donnerons la preuve dans la suite.

A l'égard des mariages, une chose assez singulière, c'est que le législateur n'ait pensé que fort tard à faire constater d'une manière régulière un engagement si important, quoique dans les registres des paroisses les relations qu'on en faisait fussent absolument insuffisantes, comme le prouvent les actes que nous avons rapportés (p. 5 et 6), et auxquels nous nous bornerons à en joindre quatre, dont les deux premiers sont tirés du registre de Saint-André-des-Arts, et les deux autres de celui de Sainte-Croix.

« Dimanche, dernier jour de mai 1545, furent mariés Jérôme Honys et » Guillemette Maltelon.

« Le lundi 8 juin, furent épousés Romain Langlois et Germaine Carre, » serviteurs.

« Le 24 octobre 1558, Henri et Jeanne Jacquin ont été épousés en » l'église...

« Le 3 novembre 1568, Pierre (nom en blanc) et Isabel (nom en blanc) » ont été épousés en l'église. »

Un abus grave éveilla encore ici l'attention du législateur. Beaucoup de mariages se contractaient clandestinement et à l'insu des personnes dont l'autorisation était nécessaire d'après les lois : l'ordonnance de Blois, rendue en 1579, y remédia en ordonnant (art. 40) que les mariages seraient précédés de trois publications à trois jours de fête différents, dont on ne pourrait dispenser que pour causes graves (chacun sait quelles causes de poids en faisaient dispenser jadis) ; qu'ils seraient célébrés en présence de quatre témoins ; qu'on y mentionnerait la représentation du consentement des ascendants pour les mineurs ; et enfin prescrivit d'en *faire* registre.

La législation sur les actes de l'état civil étant dès lors complète, au moins quant aux points généraux, il ne s'agissait plus que d'en suivre l'exécution, sauf à y introduire dans la suite les règles de détail dont l'expérience montrerait l'utilité.

Mais ici se présentait un inconvénient très-grave : les fonctionnaires chargés de l'exécution n'étaient pas, ou du moins prétendaient pour la plupart n'être pas soumis à l'action immédiate de l'autorité civile. Il eût fallu avoir recours à des mesures de rigueur souvent délicates à employer dans la situation difficile où se trouvèrent Henri III et ses deux successeurs, et qui les forçait à avoir beaucoup de ménagement pour le clergé. L'autorité civile paraît même n'avoir pas osé pendant long-temps exercer sur la tenue des registres une surveillance directe qui eût pourtant été nécessaire pour vérifier si l'exécution de la loi était faite avec exactitude. Elle avait abandonné ce soin à l'autorité supérieure ecclésiastique ou toléré que celle-ci s'en chargeât.

En effet, dans l'intervalle qui s'écoula entre l'ordonnance de Blois et celle de 1667, et quoique diverses lois, telles que celles de 1595 et 1629, eussent de temps à autre renouvelé ou perfectionné en tout ou en partie les règles antérieures, nous n'avons trouvé dans les registres aucunes traces de surveillance, si ce n'est de la part de l'autorité ecclésiastique ; et celles-ci sont du reste très-rares, car nous n'en avons rencontré que deux exemples, quoique nous ayons parcouru des milliers de registres.

Le 12 avril 1627, un synode tenu à Paris et dont l'extrait est dans les registres de plusieurs paroisses, entre autres de Saint-Leu, décida que les prêtres et les parrains et marraines signeraient les baptêmes, et défendit « aux clercs et vicaires de rien raturer sur les registres, ni *recharger au-* » *cun nom.* »

Remarquons à cette occasion que la décision et la défense furent très-mal observées. Dans presque toutes les paroisses on ne trouve aucune signature à la suite des baptêmes, avant l'ordonnance de 1667, si ce n'est quelquefois celles des curés ; et le 22 août de cette même année un vicaire-général enjoignit au curé de Crônes, près Villeneuve-Saint-Georges, d'y mettre la sienne à l'avenir.

A l'égard des ratures et des *recharges*, c'est-à-dire des surcharges et des interlignes, car le synode paraît prendre le mot *recharge* dans ces deux sens, rien également de si commun dans les actes. En rédigeant notre travail, nous avons ouvert au hasard les registres de plusieurs paroisses, dont nous avons parcouru, pour chacune, un mois, et il n'est pas un seul mois où nous n'ayons trouvé un assez grand nombre de ratures ou recharges (1).

D'après cet état de choses et leurs idées d'indépendance de l'autorité civile, on sera moins surpris qu'on ne devrait l'être, de voir quelques curés transcrire la disposition déjà rapportée de l'ordonnance de Blois sur les formes des mariages, et ensuite agir à peu près comme si elle n'existait pas.

Ainsi, au commencement du registre de 1597 de Saint-Jean-en-Grève, immédiatement après la copie de l'art. 40 de l'ordonnance, et quoique cette ordonnance remontât déjà à dix-huit années, on lit l'acte suivant :

« Le 16e jour de juin ont été mariés Olivier Darve, de la paroisse Saint-» Eustache, et Madeleine de la Croix, de cette paroisse. » Il n'y a rien de plus, et par conséquent (2) point de mention de publications, point d'assistance de témoins, etc., etc.

Il serait facile de multiplier à cet égard les citations, parce qu'on remarque presque partout la même indifférence pour l'observation des solennités que la loi prescrivait pour les mariages... Nous nous bornerons à deux actes qui montrent les suites fâcheuses de cette indifférence.

Tout le monde connaît la défense faite jadis aux femmes de se remarier dans l'année qui suivait la mort de leur mari (aujourd'hui dans les dix mois ; *Code civil,* art. 228), soit à cause du respect qu'elles devaient à la mémoire de leur époux, soit surtout de crainte qu'il n'y eût ce que les lois anciennes nomment *turbatio sanguinis.* Il paraît que plus d'un curé ne tint aucun compte et de la défense et de ses motifs, car les arrêtistes, et notamment Brillon (mot *mariage,* n° 177), citent beaucoup de seconds mariages célébrés dans le temps prohibé. Mais comme ils n'en indiquent pas toutes les circonstances, par exemple, si la veuve qui convolait était dans un âge trop avancé pour qu'on pût encore craindre la *turbatio sanguinis,* nous étions porté à penser que leurs curés ne les avaient admises à la bénédiction nuptiale que dans des cas où ils pouvaient être excusables. lorsque, faisant des recherches sur la famille de Boileau-Despréaux, nous avons trouvé deux mariages où ils n'ont point été arrêtés par un semblable scrupule.

---

(1) Nous en citons beaucoup d'exemples dans les Mémoires de la Société des Antiquaires, tome IX, p. 261.

(2) Dans les actes postérieurs de trois ou quatre ans, on ajoute assez souvent cette formule vague, que « les époux ont été assistés de leur père ou de leurs frères, ou de plusieurs parents, ou autres personnes. »

Le premier fut célébré à Saint-Séverin, le 25 février 1612 entre Nicolas Le Prêtre, greffier, et Jacqueline de Niellé, cousine de Despréaux, dont le premier mari, Nicolas La Biche, procureur au Châtelet, n'était décédé que trois mois et vingt-deux jours auparavant, ou le 3 novembre 1611. La tolérance du pasteur fut d'autant plus étrange, que la veuve n'était alors âgée que de vingt-huit ans, et qu'elle pouvait par conséquent avoir des enfants de son second mari (elle en eut en effet huit). Il ne put d'ailleurs être trompé sur la position de la veuve, puisque le premier mariage de celle-ci (1608), le baptême d'un enfant qu'elle en avait eu (1610) et l'enterrement du premier mari avaient été faits dans sa paroisse.

Quoique le second mariage où l'on fit la même faute ait eu lieu à une époque postérieure à celle dont nous nous occupons, nous en parlerons ici pour éviter des répétitions... Il fut célébré à Saint-Nicolas-des-Champs, le 20 août 1679, entre Philippe Precelle, procureur au Châtelet, et Élisabeth Cointerel, dont le premier mari Jean-Jacques Angibout, aussi procureur au Châtelet et parent de Despréaux, n'était décédé que depuis quatre mois et dix jours (le 10 avril 1679). Et le curé devait , encore mieux que celui de Saint-Séverin , connaître l'état de la veuve , puisque c'était dans sa paroisse qu'avaient été faits le baptême de cette veuve (1639), son premier mariage (1667), les baptêmes de six enfants qu'elle avait eus et l'enterrement de son mari. Elle était, il est vrai, âgée alors de quarante ans ; mais, outre qu'à cet âge les femmes peuvent encore concevoir , il y avait à peine dix mois qu'elle était accouchée (1).

Le volume déjà cité des mariages célébrés à Saint-Jean-en-Grève, à la fin du seizième siècle et au commencement du dix-septième, nous fournit une autre preuve du peu d'importance que les rédacteurs attachaient à cette partie de leurs fonctions.

Le recto du feuillet 31 s'y termine par les mariages du mois de janvier 1603. Il y en a seulement deux, quoique annuellement on en célébrât environ soixante-douze dans cette paroisse... A la suite on lit ces mots, d'une écriture du temps : *Hic desunt multa matrimonia*... Et on en trouve la preuve en tournant le feuillet : le verso en est blanc ainsi que le feuillet suivant, après quoi on passe aux mariages de septembre , ce qui fait une lacune de sept à huit mois, ou de quarante à quarante-huit mariages.

La paroisse de Saint-Jean-en-Grève n'est pas la seule où l'on observe la même négligence. Rien de si commun que les blancs laissés pour les prénoms ou même les noms. Par exemple , à Saint-Eustache , dans les actes

---

(1) Nous avons donné un extrait des actes relatifs aux seconds mariages de Jacqueline de Niellé et d'Elisabeth Cointerel, au même tome IX, p. 287 à 289.

de 1653 à 1659 , on omet souvent le nom de l'individu décédé , quoique l'on y désigne avec détails, les solennités du convoi, telles que les ornements , la tenture , l'argenterie , le nombre des prêtres , etc. : le prix , la somme payée à-compte, la somme due, etc. Dans le seul premier semestre de 1657 , nous avons trouvé six actes où on lit : «convoi de (deux ou trois » mots en blanc), demeurant rue des Vieux-Augustins, rue, » etc.

A Saint-Paul on ne donne pas tout à fait autant de détails sur les solennités des convois, mais, par une espèce de compensation, l'on y omet plus souvent les noms. Dans le seul mois de janvier 1627 nous avons compté six actes du même genre : «Convoi d'un homme rue des Tournelles... » Convoi d'une femme à Pic-Puce, » etc.

Quelque vicieux que soient ces actes, ils ne pouvaient pas du moins servir à l'intercalation frauduleuse de noms d'individus qui ne seraient pas décédés tout à la fois au même lieu et le même jour ; il en est tout autrement quant à une autre méthode malheureusement trop fréquente , celle d'écrire simplement la date d'un acte, ou de laisser entre les actes des espaces blancs un peu considérables.

Par exemple, nous lisons seulement, 1° dans les registres de Saint-Paul : *du mercredi* (8 février 1640), *convoi...* ; et ailleurs : *dudit jour* (31 octobre 1640), *convoi...* ; 2° dans les registres de Saint-Roch ; *du 8 juillet* 1659... et ailleurs : *du 30 mars* 1660..., et chacune de ces quatre indications est suivie d'un espace blanc de plusieurs lignes.

Observons, à l'occasion des deux dernières , qu'elles font évidemment supposer une omission de plusieurs actes de décès. De la première, en effet, ou du 8 juillet, on passe immédiatement au 15 de ce mois, et de la seconde, ou du 30 mars, on passe au 5 avril... Or , il est impossible que pendant ces deux intervalles de six et de sept jours, personne ne soit mort dans une paroisse aussi populeuse que celle de Saint-Roch.

Dans d'autres paroisses les blancs ne se bornent pas à quelques lignes, ils s'étendent à des pages ou portions de page non croisées, comme dans celle de Crônes, années 1622 et 1633.

L'abus à cet égard fut porté à un tel point que l'autorité civile sortit de son espèce de léthargie pour y remédier. Le parlement de Paris , par un arrêt rendu le 8 février 1663 sur le réquisitoire du célèbre Talon, enjoignit « à tous curés de ne laisser aucune feuille blanche dans les registres de mariages, baptêmes et autres, à peine de deux mille livres d'amende. » (*Bornier*, tit. XX, art. 11.)

L'inconvénient qui naissait alors des espaces blancs était d'autant plus grave que , les actes étant presque tous sans signatures, rien n'était plus facile que d'intercaler d'autres actes dans ces espaces.

Frappés peut-être de cet inconvénient, des curés, qui ne connaissaient pas les noms des intéressés au moment de la rédaction des actes, prirent le parti d'omettre les actes à leurs dates et de les placer après d'autres plus anciens. Ainsi, dans le même registre de Crônes, à la suite des baptêmes de 1622 on en trouve de 1633, puis on revient à ceux de 1628. Ainsi, dans un registre de Saint-Côme, on a placé un mariage du 26 juillet 1649 après ceux du mois d'août en convenant que c'est par erreur.

D'autres adoptèrent une mesure beaucoup plus simple, celle d'écrire seulement la qualité ou la demeure de l'individu, ce qu'ils pratiquèrent surtout pour les décès.

On y trouve fréquemment la formule suivante : « convoi du domestique » ou bien : « a été inhumé le domestique d'un tel » (voir entre autres Saint-Eustache, 4 juin 1657),... ou bien « la femme d'un tel, » quoique l'époux ait un nom très-commun... Par exemple, à Saint-Germain-le-Vieil, on lit seulement au 13 août 1637 : « Céans fut apporté de Saint Germain-» l'Auxerrois le corps de madame Langlois, » et il y a cent familles Langlois dans Paris.

Enfin, pour les enfants en bas âge presque partout on se borne à nommer leur père sans même désigner, du moins le plus souvent, leur sexe. Il est inutile de faire aucune citation pour constater cet usage. Il était si général, que dans les paroisses un peu considérables il n'est guère de pages où l'on ne lise « Convoi de l'enfant de M. ..... » ou bien : « J'ai inhumé l'enfant de M. ..... » etc. (*Voyez* entre autres Saint-Paul, an 1640 ; Saint-Eustache, an 1657, etc.)

Nous nous demandions souvent, lorsque nous rencontrions dans les registres de l'état civil, des fautes de ce genre ou d'autres aussi graves, car nous n'en avons noté qu'une très-petite partie, parce que tel n'était point le but primitif de nos recherches ; nous nous demandions, disons-nous, quelle pouvait en être la cause... Voici l'explication la plus plausible que nous avons cru découvrir.

Dans les mariages, baptêmes et inhumations, il y a deux choses très-distinctes, l'impartition du sacrement ou la célébration de la cérémonie religieuse, et la rédaction de l'acte purement civil. Des ecclésiastiques pieux ont dû attacher beaucoup d'importance à la première, et pu ne regarder l'autre que comme d'un intérêt très-secondaire et presque sans aucune importance ; car quelle différence n'y a-t-il pas entre les intérêts religieux et les intérêts civils ! et en conséquence, considérer l'acte comme une espèce de bon office qu'ils pouvaient rendre à leur libre arbitre, plutôt que comme un devoir qu'il fallait rigoureusement remplir.

Deux circonstances ont concouru à nous fortifier dans cette idée.

En premier lieu, lorsque les détenteurs des actes les envisagèrent dans leurs rapports avec l'utilité publique, il paraît qu'ils ne les regardèrent que comme des actes purement religieux, des actes intéressant, non des particuliers dépendant de telle ou telle famille, mais uniquement des chrétiens placés sous le patronage de tels ou tels saints. On en trouve la preuve dans la méthode singulière qu'ils adoptèrent presque tous avant le milieu du dix-huitième siècle pour faciliter et abréger la recherche des actes dont on pouvait leur demander des extraits; recherche souvent très-longue pour les actes un peu anciens, surtout dans des paroisses populeuses.

Ils imaginèrent d'écrire à la marge de chaque acte, non pas le nom de famille de l'individu qu'il concernait, mais son nom de baptême, et de faire ensuite des tables de ces noms.

On pressent facilement les résultats d'une semblable méthode. Les noms de baptême adoptés en France sont peu nombreux, et il en est qui sont surtout affectionnés par préférence à d'autres, tels que Jean, Joseph, Louis, Pierre, Paul, Jacques... Anne, Louise, Magdeleine, Marie... Ces noms, et entre autres le dernier, remplissaient la plus grande partie des tables; de sorte que la recherche d'un acte d'un individu exigeait souvent vingt fois plus de temps que si, au lieu de son prénom, le rédacteur eût choisi pour ses indications et tables les noms de famille.

L'embarras était bien plus grand lorsque la recherche était demandée, ainsi que cela arrive fréquemment, par un parent ou étranger qui ne connaissait pas exactement le prénom de l'individu dont l'acte lui était nécessaire; il a excité, notamment dans ces dernières années, le désespoir des généalogistes chargés de découvrir les gens appelés à prendre part à l'indemnité d'un émigré décédé sans proches parents.

Comme il est impossible que les ecclésiastiques n'eussent pas prévu un tel embarras, dont d'ailleurs l'expérience leur offrait chaque jour la preuve, on ne saurait expliquer leur persistance à suivre leur méthode pendant plus de deux siècles, qu'en admettant que, suivant eux, il s'agissait d'actes plus essentiellement religieux que civils.

En second lieu, lorsqu'ils envisagèrent ces actes dans leurs rapports avec eux-mêmes, plusieurs d'entre eux les considérèrent plutôt comme leur propriété que comme celle de la société; et les cahiers ou volumes qui les contenaient, plutôt comme des journaux les intéressant eux-mêmes, que comme des registres réservés exclusivement à constater l'état des particuliers.

Il est difficile d'écarter cette idée lorsqu'on voit ce qu'ils mêlaient parfois à leurs actes.

Tantôt ce sont des récits de faits qui n'y ont aucun rapport. Par exemple : 1° les récits des assassinats d'Henri III et du duc de Guise, insérés dans le registre de Saint-André-des-Arts, et que nous reproduisons à la

suite de ce Mémoire avec l'acte de décès du célèbre président de Thou
(note *D*), comme documents historiques assez curieux ; 2° ceux de divers
faits relatifs aux guerres civiles de la Fronde, placés dans les registres de
Clignancourt.

Tantôt ils y joignent des réflexions, des naïvetés, des anecdotes singu-
lières. En voici des exemples :

« Le 29 d'août 1574, furent baptisées deux filles gemelles et de la même
ventrée, » écrit-on à Saint-André-des-Arts. Ajoutons que la marraine
d'une de ces filles de la même *ventrée* était l'épouse du célèbre Ambroise
Paré, d'où nous avons conjecturé qu'il avait été appelé à l'accouchement,
quoique les hommes n'y fussent guère employés alors.

Dans un baptême d'une fille d'Étienne Lemire, laboureur, du 20 décembre 1661, le curé de Clignancourt ajoute : « C'est la dixième de suite sans
» aucun mâle et toutes les autres sont vivantes. »

« Le 30 juin 1644, dit celui de La Villette, j'ai célébré un service pour
» le repos de l'âme de François Caignet, mon bon ami, lequel a donné
» plusieurs choses pour mon église. » Et il signe Cottereau , curé et *ami*.

Le successeur de Cottereau s'exprime ainsi dans un autre acte : « Le 21
» décembre 1675 a été enterré Jean Tessier, laboureur... homme très-
» doux et très-paisible et fort respectueux et déférent envers ses pasteurs. »

Mais la meilleure preuve de l'idée de propriété des registres qu'avaient
conçue les rédacteurs se tire du fait que plusieurs d'entre eux s'en sont
servis comme de livres mémoriaux où ils inscrivaient leurs recettes, leurs
dépenses et les actions qui les intéressaient le plus. On le voit entre autres
dans les registres de Saint-Landry, où les notes des recettes, etc., sont
mises sur les mêmes feuillets que les actes (1), et surtout dans le registre
des décès de Saint-Paul, rédigés par un vicaire au dix-septième siècle.

Il faudrait presque un volume pour rapporter tout ce qu'il y a de curieux ou de singulier dans ce dernier registre. Nous nous bornerons à deux
ou trois citations.

Au 31 décembre 1629 et aux 1er, 2, 3 et 4 janvier 1630, il donne la
notice détaillée des étrennes qu'il a reçues pour le premier de l'an, article
par article, et en désignant ses bienfaiteurs et bienfaitrices. En voici le
résumé :

Onze bouteilles de vin, dont deux de blanc ; quatre boîtes de conserve,
trois chapons, dont un, dit-il, prêt à mettre à la broche, trois livres de
bougies, deux fort bons fromages, deux grands pots de beurre, une bou-
teille d'hippocras, un lapin de garenne, une langue fumée, un gâteau, une

---

(1) Par exemple, les décès d'avril 1541 y finissent au recto du feuillet 92, et au verso
commence, sans aucun avis, son journal de recettes et dépenses.

talmouse, une douzaine de serviettes, une pistole d'Espagne, trois écus d'or.

A l'acte d'une inhumation faite le 16 octobre 1650, il ajoute : « M. de Saint-Paul (son curé) me commanda d'aller dîner avec lui, où de sa » grâce je fis bonne chère : *Vivat ad multos annos.* »

Peut-être cette chère fut-elle trop bonne, car il écrit à la suite d'un convoi fait le lendemain : « Je pris un lavement pour apaiser une colique. »

D'après ces observations, nous croyons pouvoir persister dans notre conjecture sur le peu d'importance que les ecclésiastiques durent attacher à la tenue, si l'on peut parler ainsi, des actes de l'état civil, surtout tant que l'autorité civile n'intervenait pas avec quelque vigueur dans la surveillance de ses opérations.

C'est ce que Louis XIV essaya de faire par son ordonnance de 1667, où en confirmant le principe consacré par celles de 1539, que les registres de l'état civil feraient foi (même quant aux mariages), il établit, relativement à leurs actes, plusieurs règles dont nous allons analyser les plus remarquables (titre XX, art. 8 à 10).

1. Les baptêmes et sépultures mentionneront les jours des naissances et décès.

2. Ils seront faits en présence de deux témoins ; les mariages en présence de quatre, et l'on y indiquera si les époux sont enfants de famille, mineurs, etc.

3. Les actes seront écrits de suite, sans aucun blanc, et signés par ceux qui ont dû y assister et qui sauront signer.

4. Ils le seront dans deux registres paraphés par le juge royal, et dont l'un, servant de grosse, sera déposé chaque année à son greffe.

Observons d'abord, quant à cette dernière mesure, la plus importante de toutes, que le premier président de Lamoignon, connaissant probablement l'esprit général des rédacteurs des actes, exprima lors de la discussion du projet (Procès-verbal des conférences, tit. XVII, art. 19, p. 232) la crainte qu'on ne fût pas plus heureux sur ce point à l'avenir que par le passé. Pussort, rédacteur du projet, répondit que l'autorité du roi, secondée de la bonne intention des magistrats, y pourvoirait.

Mais il se flattait d'un vain espoir, et, nous l'avons déjà dit, les craintes de Lamoignon furent justifiées.

On eut cependant recours, vingt-quatre ans après, à une autre mesure qui paraissait devoir assurer l'exécution de celle-là. On créa, en 1691, des greffiers chargés spécialement de recueillir et de conserver les grosses des registres. On leur donna même, en 1705, des contrôleurs ; mais il est probable qu'on reconnut le peu d'utilité de ces officiers, puisque en 1716, époque où l'extrême détresse du trésor public devait détourner le gouvernement d'opérations qui le forçaient à des remboursements de finances, on supprima toutes ces charges. (Bornier, tit. **XX**, art. 13, p. 156 ; Rodier, art, 7, p. 290.)

L'autorité judiciaire ne put donc intervenir que très-indirectement dans la surveillance des actes, et elle le put d'autant moins que l'autorité ecclésiastique se maintenait dans l'usage étrange de statuer elle-même sur les rectifications des actes, quoique ces actes n'eussent pour objet que des intérêts purement civils.

Entre autres exemples que nous en avons trouvés dans les registres, nous citerons la substitution des mots *fils de* FRANÇOIS *Perrochel* aux mots *fils de* CHARLES *Perrochel,* opérée sur un baptême du 3 décembre 1658, en vertu d'une ordonnance rendue par l'archevêque de Paris, le 9 mai 1672, et rapportée en marge de l'acte rectifié (paroisse de Saint-Gervais), substitution qui changeait et des droits de famille et des droits de successibilité, puisqu'il y avait dans la famille Perrochel deux branches qui avaient pour chefs, l'une François, et l'autre Charles Perrochel, conseiller au Parlement.

Ce n'est pas que l'autorité judiciaire fût absolument inactive quant à la même surveillance : indépendamment de l'arrêt de 1663, précédemment cité, nous avons trouvé une ordonnance par laquelle le lieutenant civil Lecamus enjoignit, le 16 décembre 1684, au curé de Saint-Côme, d'observer les lois dans la tenue des registres ; «sinon, ajouta-t-il, il fera droit aux » réquisitoires du procureur du roi. »

Mais cette même ordonnance (elle est transcrite sur le registre de Saint-Côme) prouve qu'au moins plusieurs ecclésiastiques persistaient à tenir peu de compte des lois, puisqu'elle est postérieure de dix-sept ans à l'ordonnance de 1667.

On en est bientôt convaincu d'ailleurs lorsqu'on parcourt les registres de 1668 et des années suivantes, puisqu'on y aperçoit plusieurs des fautes le plus sévèrement défendues.

Ainsi, au 26 janvier 1671, au lieu d'inscrire sur son registre le baptême d'une fille illégitime, le curé ou vicaire de Saint-Sulpice l'a placé, contre la prohibition formelle des lois, sur un feuillet volant attaché par une simple épingle au registre. Il y donne avis, il est vrai, qu'il ne faut pas ôter ce feuillet, parce que les parties sont en procès ; mais on sent combien la précaution était insuffisante, puisqu'en ôtant l'épingle la soustraction n'eût laissé absolument aucune trace.

Ainsi, dans un procès jugé au parlement de Toulouse en 1757 (Rodier, tit. **XX**, art. 14, quest. 2, p. 300), on produisit un acte de baptême du

2

7 février 1722, et un acte de mariage du 7 août 1717, faits sur des feuilles volantes par un curé du pays.

Ainsi les ratures et *recharges* dont nous avons parlé pour les temps antérieurs se représentent également dans les mêmes années (1).

Ainsi, on y trouve parfois des interversions d'actes ; par exemple, ceux des premiers mois de 1707, du registre de Bondy, sont ainsi disposés (d'après la grosse certifiée conforme à la minute) : 27 mars, 6 février, 8 mars, 28 janvier, 6 janvier, 28 février, 8 mars, 31 mars, 25 juillet.

En un mot, quoique dans le fait on trouve beaucoup moins de fautes dans les actes postérieurs à l'ordonnance de 1667 que dans les actes antérieurs, l'observation des sages dispositions de cette loi, selon la remarque de d'Aguesseau (*OEuvres,* XII, 195, édit. de 1819), « était si négligée (2) » que des registres si nécessaires pour assurer l'état des hommes et le bien » des familles étaient tombés dans le plus grand désordre. »

Et ce qu'observe d'Aguesseau est confirmé par un des plus grands prélats de France. « Nous avons été dans nos visites, dit Massillon (3), scan-» dalisé de la négligence de plusieurs curés sur un point aussi essentiel. » Les statuts du diocèse, les ordonnances de nos rois, les peines rigoureu-» ses qui y sont portées contre les contrevenants, l'intérêt public même ne » les touchent point ; les baptêmes, les mariages, les certificats mortuaires, » c'est-à-dire tout ce qu'il y a de plus sacré et qui fait toute la sûreté de » l'état et de la religion, tout cela n'est écrit que sur des feuilles volantes, » sans ordre, sans soin, sans précaution : des titres si augustes et si saints » sont dispersés à l'aventure comme des papiers de rebut. »

Ajoutons qu'il fallait que le désordre dont se plaignent d'Aguesseau et Massillon fût bien grave, puisque le gouvernement, alors confié à un prince de l'Église (Fleury), fort peu disposé à restreindre les prérogatives du clergé, crut devoir chercher de nouveau à y remédier.

Tel fut le but de la déclaration du 9 avril 1736, ouvrage du même d'Aguesseau. Comme on ne fit qu'y renouveler, en général, avec quelques perfectionnements, les dispositions des lois antérieures, et comme ces mêmes dispositions ont depuis été insérées dans la loi du 20 septembre 1792 et successivement dans le Code civil (liv. I, tit. 2), nous nous bornerions à la citer si elle ne prescrivait une mesure qui mérite de fixer notre attention.

---

(1) Nous en indiquons un grand nombre d'exemples aux pages 291 et 292 du tome IX déjà cité.

(2) On a aussi vu qu'un des seconds mariages prématurés dont nous avons parlé (p. 11) appartient à cette époque.

(3) Discours prononcé en 1727, sur les divisions entre les curés et les prêtres de paroisse, et inséré dans ses *Conférences* et *Discours synodaux,* 1755, t. III, p. 41.

On a vu que, depuis deux siècles, le gouvernement avait en vain cherché à assurer la surveillance des magistrats sur les registres, par le dépôt
à leurs greffes, soit des registres mêmes, soit d'une copie de ces registres.
D'Aguesseau obtint plus de succès, grâce à l'idée heureuse qu'il eut d'exiger deux registres originaux pour chaque paroisse, et de n'ordonner que le
dépôt de l'un des deux dans les greffes.

Dès lors on conçoit que le magistrat pouvant vérifier sans cesse l'état des
registres, leurs rédacteurs, par la crainte de ses réprimandes, durent ap-
porter beaucoup plus de soin dans leurs opérations.

Aussi les actes furent-ils depuis rédigés avec plus d'exactitude, et, si l'on
peut parler ainsi, avec plus de conformité aux dispositions des lois.

Le souvenir de cet état de choses comparé surtout avec les fautes com-
mises par des maires peu instruits de petites communes rurales lors de la
mise à exécution de la loi du 20 septembre 1792, qui leur transportait,
pour les registres de l'état civil, les fonctions jusque-là confiées aux pasteurs, a frappé beaucoup d'esprits et engagé beaucoup de personnes à désirer qu'on rendît aux pasteurs le soin dont on les avait débarrassés.

Ne nous occupant de ces matières que sous le point de vue historique,
nous n'avons point à nous prononcer sur ce nouveau système en l'envi-
sageant sous le rapport des considérations politiques ou législatives qui
peuvent l'appuyer ou le combattre.

Il est toutefois un point qui rentre dans notre domaine et qu'il nous
semble qu'on n'a pas assez examiné. Est-il bien vrai que, depuis la déclaration de 1736, les ecclésiastiques se soient tous absolument dépouillés des
idées de juridiction spirituelle qui les avaient engagés, et souvent de très-
bonne foi, à se soustraire autant qu'ils le pouvaient pour les actes de l'état
civil, à l'intervention de l'autorité civile et judiciaire? qu'ils se soient au
contraire soumis sans réserve à cette autorité et aient mis le plus grand
scrupule dans l'observation des formes multipliées et minutieuses dont elle
est chargée d'assurer l'accomplissement?

Comme historien, nous croyons qu'on peut, en se fondant sur des autorités respectables, non-seulement élever des doutes à cet égard, mais se
prononcer pour la négative, au moins pour les petites paroisses rurales.

1. On voit par la correspondance de d'Aguesseau (lettres des 27 janvier
et 23 mars 1738; *OEuvres*, 1819, XII, 193) que divers curés résistèrent
d'abord à l'exécution de la Déclaration; et il paraît que la résistance devint
assez grande dans le ressort de tout un parlement, surtout à l'égard de la
tenue du double registre et à son dépôt au greffe, pour qu'au bout de six
années (lett. du 18 novembre 1742; *ib.*, 195) d'Aguesseau prescrivît au
procureur-général une surveillance spéciale sur ce point, observant qu'il
était à « craindre que cette loi n'eût le même sort que la première (l'or-

2.

» donnance de 1667), si l'on ne donnait une attention continuelle à la faire
» observer exactement. »

2. Comme l'intervalle de temps qui s'était écoulé depuis la déclaration de
1736 jusqu'à la lettre de 1742 n'était pas fort considérable, on pourrait
croire qu'il serait injuste de juger de ce qui se pratiqua dans la suite,
par ce qu'on avait pratiqué jusqu'alors, en remarquant que la résistance
dont se plaint indirectement d'Aguesseau, venait peut-être des ecclésiastiques fort âgés à qui il devait être plus difficile de surmonter leurs habitu-
des, et que sans doute au bout de peu de temps il en dut être tout autrement. Un nouveau document nous montre le peu de fondement de cette
conjecture (1).

Le 9 août 1773, trente-sept ans après la déclaration, le procureur-général du parlement de Grenoble, après en avoir analysé les principales règles,
observa dans un réquisitoire spécial, « qu'au mépris d'une législation si sage,
» au mépris de ses avantages constants, une fatale expérience ne lui avait
» que trop appris qu'un grand nombre de curés négligeaient entièrement
» de se soumettre aux dispositions de cette loi, ou ne les exécutaient qu'en
» partie en laissant leurs registres dans un désordre capable d'inspirer les
» plus justes alarmes. »

Et le même jour le parlement prescrivit, sous peine de poursuites,
l'exécution stricte de la Déclaration, et ordonna l'impression et l'affiche
de son arrêt. Enfin, ce qui prouve aussi que l'autorité judiciaire sentait la
nécessité de rappeler fréquemment leurs devoirs aux détenteurs des registres, le même arrêt, quoiqu'il contînt une censure fâcheuse contre eux,
fut inséré dix ans après dans le *Recueil d'édits et arrêts*, publié par
son libraire et sous sa surveillance (tome **XXVI**, dédié au premier président, 1783, n° 6).

3. En combinant les diverses dispositions des lois anciennes sur les sépultures, on voit, et le simple bon sens le montre d'ailleurs, que les déclarations des noms, âges et qualités des décédés devaient être faites par les
parents qui avaient assisté au décès ; et c'est ce qu'ont décidé depuis, la loi
du 20 septembre 1792, titre 5, et le Code civil, article 78.

Eh bien, dans la ville où le clergé est certainement le plus instruit, à
Paris, l'usage s'était introduit après la loi de 1736, de se contenter souvent
pour ces notions si importantes, de la déclaration des employés des convois, ou même des simples fossoyeurs ; et il fallut en 1775 que le Châtelet
rendît une sentence (30 mars) pour le défendre aux curés ou autres ecclé-

---

(1) En voici un autre, découvert depuis la rédaction de notre mémoire, Le 13 décembre
1748, le célèbre lieutenant civil d'Argouges, en parafant le registre de Sainte-Marine (paroisse de Paris) pour 1749, *enjoignit au curé et aux fabriciens d'observer les règlements.*

siastiques de la capitale. — LE RASLE, *Encyclopéd.*, *Jurisprud.*, mot *Registre*, tome VII, p. 258.

4. On a également vu qu'un des abus les plus sévèrement proscrits par les lois était l'usage d'écrire les actes sur des feuilles volantes. L'art. 9 de la Déclaration de 1736 en renouvelle la prohibition surtout pour les mariages, «à peine, y est-il dit, de poursuite extraordinaire contre le curé » ou prêtre qui aura fait ces actes. »

Voici cependant l'observation que faisait en 1761, au sujet de cette défense le meilleur commentateur de l'ordonnance de 1667, Rodier, avocat de Toulouse (tit. XX, art. 8, quest. I) :

« Il y a des curés, dit-il, qui, malgré ces ordonnances et peu touchés » de l'utilité publique qui en résulte, écrivent les actes sur des feuilles » volantes ou sur des chiffons de papier qu'ils ne signent pas, ni ne font » signer; et quelquefois n'en écrivent-ils rien. »

5. D'après l'article 4 de la même Déclaration, les actes de baptême devaient contenir les noms de l'enfant, de ses père et mère, parrains et marraines. Le simple bon sens indiquait que ces documents ne pouvaient être fournis que par les individus qui déclaraient la naissance, cependant beaucoup de curés se permettaient d'insérer d'eux-mêmes dans les actes, des notes, des clauses et des énonciations différentes, et même d'y exprimer leur opinion personnelle sur les déclarations relatives à l'état et aux familles des enfants, comme s'ils eussent été des juges souverains et constitués d'avance, de cet état et de ces familles! Il fallut l'intervention du législateur pour remédier à un abus aussi grave. Une déclaration rendue par Louis XVI, le 20 juillet 1787, leur défendit expressément, et sous diverses peines, de ne rien insérer dans les actes que ce qui devait être déclaré par les comparaissants, et telle est aussi la disposition de la loi du 20 septembre 1792 (tit. III, art. 12) et du Code civil (art. 35).

En résumé voilà cinq autorités irrécusables dont il résulte qu'il s'en faut bien que les ecclésiastiques aient été aussi disposés qu'on le disait, à se conformer aux lois sur l'état civil pendant l'intervalle de temps qui s'est écoulé depuis la Déclaration de 1736 jusqu'à la révolution.

Cette opinion aura sans doute été appuyée sur ce que dans les registres des paroisses des grandes villes, la rédaction des actes de l'état civil, au dix-huitième siècle, paraît en général conforme aux lois; mais en admettant, ce que nous n'accordons point, qu'on n'y commît pas de fautes graves, aurait-il dû s'ensuivre qu'il fallait enlever aux maires ou adjoints de toutes les communes de France la même rédaction pour la rendre aux ecclésiastiques? La conséquence eût pu être juste si dans la rédaction des actes des grandes villes, les maires et adjoints avaient montré moins d'exactitude que les curés... Et c'est précisément l'inverse qu'on observe. Nous doutons beaucoup que dans une mairie de grande ville, où la tenue des actes est ordinairement confiée à des employés instruits, intelligents, soumis d'ailleurs et réellement soumis à la surveillance de l'autorité civile et de l'autorité judiciaire, on trouvât dans un intervalle de deux mois jusqu'à quinze ratures, ou apostilles, ou interlignes non approuvées, indépendamment de plusieurs blancs non croisés, comme nous l'avons trouvé dans les actes de 1780, d'une grande paroisse de Paris (1).

Pour que la même opinion eût un fondement raisonnable, il est clair qu'il eût fallu l'appuyer sur d'autres bases ; il eût fallu établir d'après un examen des registres de plusieurs petites paroisses rurales, qu'avant la révolution leurs rédacteurs ecclésiastiques s'y conformaient réellement aux lois. Nous croyons que le résultat de l'opération eût été un peu différent. Nous nous souvenons qu'en 1786, 1787 et 1788, étant prié par plusieurs curés de campagne de déposer leurs doubles registres au greffe d'un bailliage, nous les leur avons plus d'une fois renvoyés parce qu'il y avait des ratures, des surcharges et des interlignes non approuvés, et des noms ou même des actes en blanc, et que nous les invitions à appeler les parties intéressées pour tâcher de réparer ces fautes.

Nous nous souvenons que quelques années après, ayant examiné beaucoup de registres dans un but purement statistique, nous fûmes frappé d'apercevoir souvent des fautes de même genre dans chacun d'eux.

Nous avions d'abord renoncé à faire une semblable épreuve sur les registres des paroisses rurales du département de la Seine, les seuls qui soient dans les dépôts publics de Paris. Comme il se trouve dans chacune d'entre elles, de riches propriétaires forains, souvent des hommes de loi, il nous semblait impossible que les curés, éclairés en quelque sorte par un tel voisinage, n'en eussent pas rédigé les actes au moins avec une exactitude égale à ceux de la capitale.

C'est en effet ce que nous avons reconnu ensuite dans quelques paroisses, telles qu'Auteuil, où nous n'avons aperçu que très-peu de fautes, et des fautes sans importance, du moins pour l'année que nous avons parcourue (1788) ; mais, à notre grande surprise, il en a été autrement dans plusieurs autres. Nous citerons notamment les paroisses d'Aubervillers, Boulogne, La Villette, Passy et Romainville. Les actes fautifs de leurs registres, c'est-à-dire les actes où il y a soit des surcharges, soit des ratures, soit des interlignes, soit des apostilles non approuvées (indépendamment des blancs non croisés au bas des divers feuillets) sont en assez grand

(1) Saint-Eustache... Nous les indiquons, avec de semblables fautes dans d'autres paroisses, à la page 292 du tome IX déjà cité.

nombre comparativement au nombre total de ceux de l'année examinée, comme on va le voir par le résumé suivant (1).

Aubervillers, 1787. — Nombre total, 147; actes fautifs, 27; blancs non croisés, 18.

Boulogne, 1786. — Nombre total, 261; actes fautifs, 20; blancs non croisés, 1.

La Villette, 1787. — Nombre total, 50; actes fautifs, 9; blancs non croisés, 3.

Passy, 1786. — Nombre total, 159; actes fautifs, 26; blancs non croisés, 8.

Romainville, 1788. — Nombre total, 69; actes fautifs, 11.

Un tel fait, joint à ceux que nous avons exposés dans les recherches précédentes, nous paraît prouver jusqu'à l'évidence combien l'opinion, dont nous avons parlé, sur l'extrême exactitude des anciens rédacteurs des actes de l'état civil était peu fondée. Voilà à quoi nous bornons notre tâche. Examiner si des considérations politiques, morales ou religieuses pouvaient déterminer l'autorité législative à enlever aux officiers municipaux la rédaction des mêmes actes, n'est pas de la compétence d'un membre de la *Société des Antiquaires*, puisque les travaux de cette Société n'ont pour objet que les études archéologiques ou historiques. Mais, restreints à cet objet, on voit par ce mémoire qu'ils peuvent avoir une utilité publique très-grande. Il paraît certain en effet que, séduit par la même opinion erronée, le gouvernement avait, sous la restauration, conçu le projet de rendre au clergé les registres de l'état civil (2), et que s'il n'y donna point de suite c'est que plusieurs ecclésiastiques ne consentaient à reprendre les fonctions de rédacteurs qu'autant qu'on transporterait à l'autorité spirituelle le droit de condamnation à des amendes ou autres peines, en cas d'inexactitude, attribué par le Code civil aux tribunaux, et que le ministère craignit d'éprouver sur ce point de la résistance dans la chambre élective, où se trouvaient un grand nombre de magistrats.

---

(1) Quant aux détails, voir p. 292 et 293 du tome IX déjà cité.
(2) La proposition en avait été faite par un pair ecclésiastique lors de celle de M. de Bonald relative au divorce. (Voy. *Rapport* de M. Odilon Barrot, au *Moniteur* de 1831, p. 2240). — Informé qu'on devait la reproduire, M. Tabaraud la combattit dans une brochure publiée en 1824. (Voy. *France littéraire*, t. IX, p. 306.)

NOTES

RENVOYÉES A LA FIN DU MÉMOIRE.

A. Page 5, ligne 21, mots *d'époques plus reculées que dans la capitale...*

Cette collection est peut-être une des plus précieuses qui existent au monde. La conservation en doit exciter un vif intérêt. Par malheur, un assez grand nombre des registres les plus anciens ne sont couverts que d'une simple feuille de parchemin en mauvais état. On conçoit que lorsqu'on tire du rayon, où il est pressé avec beaucoup d'autres, un registre ainsi couvert, et lorsqu'on l'y replace, il est difficile que la couverture n'en éprouve pas de nouvelles dégradations. Aussi y a-t-il déjà quelques registres auxquels il manque des feuillets. On pourvut à cet inconvénient, il y a plusieurs années, pour une partie d'entre eux, en les faisant relier solidement avec des couvertures également en parchemin. Il est fortement à désirer qu'on applique la même mesure à tous les anciens registres : nous la croyons urgente, et la dépense d'ailleurs en serait très-modique (on dit environ 2,000 fr.).

B. Page 14, *à la fin.* Notes ou actes du registre de Saint-André-des-Arts, concernant les morts du duc de Guise, de Henri III et du président de Thou.

N. B. L'article suivant est à la suite d'un baptême du 23 décembre 1588. Il a été croisé depuis, mais tous les mots s'en lisent très-distinctement.

« En ce même jour du sabmedi 24 décembre 1588, est venu un courrier de la ville de Blois qui a apporté nouvelles comme M. le duc de Guise avoit esté tué et massacré le vendredi précédent au cabinet du roi, luy estant présent, lequel sieur estoit allé à son service à l'assemblée des Estats, faict trop exécrable et qui ne demeurera point impuny. *Anima ejus requiescat in pace, amen.* Et encor non content comme estant possédé du diable, comme il est vraisemblable, a depuys fait massacrer M. le cardinal de Guise, et non pour autre cause sinon qu'ilz s'oposoyent aux entreprises du Biarnoys qui se dict roy de Navarre, hérectique, excommunié, que ledit roy, jadis roy de France (1), nommé Henry de Valoys, vouloit installer après luy à la couronne de France contre la volonté de notre saint père le Pape Sixte cinquiesme, qui l'en avoit jugé indigne (2) pour sa mauldicte hérésie et pour avoir esté relaps. »

A la suite d'un mariage du dernier juillet 1589, il y a :

« Le premier jour d'août 1589, Henry de Valoys, jadis roi de France, s'estant armé avec ses hérétiques, et le roy de Navarre et ses consorts estant à Saint-Cloud pour assiéger Paris, ayant donné le pillage à toutes sortes de larrons desquels il étoit accompagné, ayant pratiqué beaucoup de traîtres dans ladite ville et ayant juré la mort de toutes sortes de gens de bien, permectant seulement de sauver les hérétiques et leurs adhérents pour puys après ruiner l'Église de notre Seigneur et planter l'hérésie au beau milieu de la France ; par

---

(1) Les ecclésiastiques le déclaraient donc déchu par ce seul fait.
(2) Dans leur opinion le pape avait donc le droit de priver de la couronne !

un juste jugement de Dieu, qui ne permet régner longuement, un si pervers tirans et hipo-crite a été tué par un religieux à l'ordre des Jacobins, nommé frère Jacques-Clément, lequel religieux a été tué à l'heure même par les satellites dudit Henry. *Anima illius requiescat in pace.*

Acte de décès du président de Thou.

« Le lundy, huitième jour de mai 1617, fut inhumé en l'église de Saint-André, à neuf heures du matin, en la cour de sa chapelle, messire Jacques-Auguste de Thou, conseiller du roi en ses conseils d'estat et privé, et président en la cour, qui étoit décédé le jour précé-dent en sa maison, environ une heure après midy, en présence de plusieurs notables per-sonnes, comme le révérend père Domogier, prieur des Chartreux de ceste ville; M. Perrot, conseiller en la cour ; M. de Bouoeil, M. Rigaut, avocat, et plusieurs autres, devant lesquels il déclara que tout ce qu'il avoit escrit qu'il le remettoit au jugement et censure de l'Église catholique, apostolique et romaine, et suivant le discours qu'il m'avoit tenu, à moy soussi-gné vicaire, parlant à luy le samedi sixième jour de ce dit moys; après luy avoir donné et administré les sacrements le jeudi de l'Ascension, infirme de corps, mais fervent et vigoureux d'esprit et d'entendement. *Ego vidi, ego audivi, et ut testis omnibus significavi* ; et ce même jour huitième fut rapporté le corps de madame sa femme de sa maison de Villeroy, où il fut transporté le jour de feste de la Magdeleine de l'année dernière pour y estre inhumée selon le dessein du deffunct. *Animæ eorum requiescant in pace.*

NOTICE ABRÉGÉE

DES

ANCIENNES MANIÈRES DE SIGNER

EN FRANCE,

ET DE LA LÉGISLATION RELATIVE A LA SIGNATURE,

LUE A LA SOCIÉTÉ ROYALE DES ANTIQUAIRES, LE 10 JANVIER 1842,

Par M. Berriat-Saint-Prix.

N. B. Cette notice faisait partie de diverses Observations présentées par M. B.-S.-P. à la Société des antiquaires, en lui communiquant une charte originale du 6 mai 1462, rédigée à Oulx, prévôté ou monastère situé à quelques lieues de Suze, sur les limites du Piémont et de l'ancien Dauphiné.

Pendant les ténèbres que jetèrent en quelque sorte sur l'Europe, les invasions des barbares aux quatrième et cinquième siècles, l'usage de l'écriture devint très-peu commun. Nous ne citerons point pour preuve, une donation de ce même cinquième siècle (V. Mabillon, *De Re Diplomaticâ*, suppl., p. 89 ; D. de Vaines, *Dictionn. de Diplomatique*, mot *Souscription*, édit. de 1774, t. 2, f. 346), où le donateur déclare que son ignorance dans l'art d'écrire l'oblige de marquer une croix pour tenir lieu de souscription, et prie un ami de souscrire pour lui ; il n'y a rien d'extraordinaire qu'un simple particulier ne sache pas écrire ; mais un grand nombre d'actes montrent que beaucoup de seigneurs, de monarques même étaient encore, au bout de quatre siècles (ou au neuvième), dans une position semblable à celle de ce donateur : *Imperatores*, dit entre autres, le capitulaire de l'an 822, *Imperatores et penè omnes Galliæ et Germaniæ principes subscripserunt, singuli singulas facientes cruces.* Baluze, 1er édit., t. 1er, p. 520.

Il fallut bien alors renoncer à exiger la signature, quoique les capitulaires eussent puisé la plupart de leurs règles dans le droit romain, qui la prescrivait pour certains actes importants, tels que le testament solennel (1) , et ce nouvel usage se perpétua long-temps avec diverses variantes qui sont exposées dans les ouvrages de D. Mabillon et D. de Vaines cités plus haut.

Voici un résumé des observations diffuses et peu méthodiques que D. de Vaines fait relativement aux signatures des actes, à partir inclusivement du onzième jusqu'au quinzième siècle.

On peut distinguer six manières de signer, usitées dans le onzième siècle : 1° en écrivant tout au long, de sa propre main, son nom et ses titres, ce qui est très-rare ; 2° en n'apposant que le mot *signum* ou l'S initiale, le reste étant de la main de l'écrivain ; 3° en formant seulement des croix, ce qui est assez ordinaire (les autres lettres de la signature sont de la main du notaire) ; 4° en se servant du chrisme, ou de l'alpha et de l'ôméga, ou d'autres symboles arbitraires ; 5° en employant les mono-grammes, c'est-à-dire les premières ou principales lettres des noms en quelque sorte accouplées ou mêlées ; 6° en substituant aux souscriptions les noms seuls des intéressés et des témoins, ce qui est très-commun, tant au onzième qu'au douzième siècle.

Enfin, on laissait fort souvent des blancs pour y mettre des signatures, l'usage de faire signer, dans les temps postérieurs à la date des actes, étant également fort commun dans les onzième et douzième siècles.

Les signatures réelles, on l'a dit, y étaient très-rares, même à la suite de la formule, assez fréquente, *ego, N., subscripsi*, car on trouve dans des actes de ces siècles, plusieurs signatures de cette forme, qui ne sont point de la main des personnes dénommées, et cette expression indique probablement des croix ou d'autres marques formées de la propre main du soi-disant souscripteur.

Au déclin du treizième siècle, les signatures de la main des souscrip-teurs commencèrent à reparaître ; elles furent plus fréquentes dans le qua-torzième siècle sans que l'usage en fût commun, si ce n'est dans les actes notariés ou dans les actes ecclésiastiques. L'art d'écrire était encore ignoré par la plupart des laïques qui faisaient des actes et des traités.

Au quinzième siècle, la plupart des actes particuliers furent passés de-vant les tabellions et les notaires publics, qui avaient pour les autorisations des actes, certains usages spéciaux qu'ont recueillis divers auteurs.

Mais le plus souvent, au quinzième siècle comme aux quatorzième et

---

(1). ...*Eique ipse (testator) coram testibus, suâ manu, in reliquâ parte testamenti sub-scripserit.* — L. 21, C. de testamentis.

On ne dispense les testateurs de signer ces sortes de testaments, que dans deux cas (V. *loi* 28, § 1er, *h. tit.*) ; savoir : lorsque le testateur, ne sachant pas écrire, est suppléé par un témoin appelé en sus du nombre requis, ou bien lorsqu'il a écrit lui-même tout le testa-ment.

treizième, ainsi qu'on le voit dans une multitude de chartes privées, les sceaux tenaient lieu de tout, de signature et de témoins. Les notaires même ne signaient pas ordinairement ces chartes. Quand ils les signaient, leur souscription consistait en des figures de roues et de damiers surmontées de croix formées avec des estampilles qui variaient selon le caprice (1).

A ces observations paléographiques de D. de Vaines, nous ajouterons que bientôt la découverte de l'imprimerie, qui eut lieu au milieu du quinzième siècle, dut, en facilitant la lecture et répandant les lumières, faire sentir l'utilité de l'art de l'écriture ; il fut dès-lors beaucoup plus cultivé, surtout à dater du règne de François Ier (1515). Dès lors aussi, l'usage d'attacher l'expression de la volonté des contractants et des disposants à leur signature, dut également bientôt s'établir, parce qu'elle était censée tracée avec plus de soin, et en quelque sorte, plus en connaissance de cause, que les autres mots. Dès-lors, enfin, le législateur put, sans s'exposer à priver beaucoup de Français, des moyens d'exprimer légalement leur volonté, consacrer et prescrire cet usage.

C'est ce que firent successivement Henri II, Charles IX et Henri III par les ordonnances de 1554 (2), d'Orléans ou de 1560, de Blois ou de

---

(1) On en voit des exemples dans la charte d'Oulx indiquée au commencement de la présente notice. Elle est signée par cinq notaires : chacun d'eux a d'abord placé, à la marge gauche, son signe (nous reproduisons ci-après celui des deux premiers), et à côté a écrit un procès-verbal de ce qu'il a fait dans la charte (c'est une collation d'une charte ancienne (1080) favorable à la prévôté d'Oulx), et terminé ainsi : *Hic me subscripsi et signo meo consueto signavi, in testimonio omnium et singulorum præmissorum.*

Les lettres initiales placées au milieu des deux signes précédents, sont celles des noms et prénoms des notaires.

Avant l'ordonnance de 1539, d'après laquelle (art. 173, dans Fontanon, I, 707), les notaires sont tenus de signer les minutes de leurs actes, il n'y avait point de loi précise qui leur en imposât l'obligation. *Foncemagne,* Académ. des Inscript., XVII, 564.

(2) Elle est citée par D. de Vaines, II, 355 et 358 ; mais comme il n'énonce pas d'autorité et qu'elle n'est ni dans Fontanon, ni dans le Recueil général indiqué à la note suivante, il pourrait bien l'avoir confondue avec celles de 1560 ou 1579.

1579 (1), et c'est ce qu'ont aussi décidé directement ou indirectement des ordonnances postérieures (2), et enfin les Codes civil et de procécédure, ainsi que la loi du 22 ventôse an XI, sur les actes des notaires (3).

---

(1) « Seront tenus (les notaires) de faire signer aux parties et aux témoins, tous actes et » contrats... à peine de nullité. » *Ordonn. d'Orléans*, art. 84.

« Seront tenus (les notaires) de faire signer aux parties et aux témoins, s'ils savent signer, » tous contrats ou actes, soit testaments ou autres... à peine de nullité. » *Ordonn. de Blois*, art. 165.

Foncemagne (d. p. 564) attribue mal à propos la première de ces décisions à une ordonnance de 1562 (il la cite jusqu'à trois fois). Il aurait dû voir dans l'auteur auquel il se réfère, c'est-à-dire dans Fontanon (I, 711), 1° qu'il y a une faute d'impression à la marge, et que cette ordonnance est du 11 octobre 1561; 2° qu'elle renvoie pour la prescription des signatures, à l'art. 84 de l'ordonnance d'Orléans ci-dessus rapporté.

Nous entrons dans ces détails parce que l'ordonnance du 11 octobre 1561 a été omise dans le *Recueil général des anciennes lois françaises*, par MM. Jourdan, de Crusy et Taillandier (t. XIV), et qu'elle est d'une haute importance. 1° Elle dispense les notaires de Paris, de l'assistance de témoins dans leurs actes, « pour ce que, selon leur exposé, ils « sont deux (notaires) à les recevoir (les actes)... » Or, chacun le sait, l'assistance de l'un des notaires aux actes, est depuis long-temps purement fictive... 2° Elle les dispense encore, du moins cela paraît résulter de la comparaison de son texte avec les considérants, de l'obligation de faire signer les parties.

(2) Entre autres l'ordonnance de 1735, sur les testaments, art. 5.

(3) Code civil, art. 970, 973, 974, etc.; 1320 et suiv.; 1332, etc... Code de procédure, art. 68, 198, 212, etc... Loi du notariat, art. 14, 68.

Depuis ces prescriptions, si l'on excepte un fort petit nombre de cas indiqués expressément par les lois, rien en France, ne supplée la signature, que l'attestation d'un officier public, des causes pour lesquelles elle n'a pas été apposée (Voy. notre *Cours de procédure*, 6e édition, p. 177 et 178, note 3).

RECHERCHES

SUR LES

LOIS ROMAINES ET FRANÇAISES

PUISÉES DANS LES ÉCRITS DE PLATON,

LUES A L'ACADÉMIE DES SCIENCES MORALES ET POLITIQUES, LE 5 FÉVRIER 1842,

Par M. Berriat-Saint-Prix.

Dans la seconde édition de notre Mémoire sur les citations des auteurs profanes et surtout d'Homère, par les législateurs romains, publiée en 1839, et dont nous eûmes l'honneur de vous distribuer alors des exemplaires, nous observons (page 24, note 46) que ces législateurs nomment à peine une fois le divin Platon, tandis qu'ils citent fréquemment le prince des poètes; mais nous ajoutons que, selon le plus savant des jurisconsultes modernes, Cujas, ils ont néanmoins emprunté beaucoup de décisions au philosophe grec.

Cette assertion d'un homme qui, en semblable matière, surtout s'agissant d'un point historique de droit, fait autorité, nous sembla mériter un examen particulier, d'autant plus qu'elle paraît avoir échappé ensuite aux éditeurs et traducteurs de Platon, et qu'elle ne peut qu'ajouter à la gloire de ce grand philosophe. La lecture récente du mémoire de M. Martin, jugé par vous digne d'occuper une place dans votre Recueil des savants étrangers, a ramené notre attention sur les recherches auxquelles nous nous étions livré relativement au passage de Cujas cité plus haut, et nous allons vous les communiquer avec brièveté.

En premier lieu, ce passage est dans les cinq meilleures éditions de Cujas, publiées en 4, 6, 10, 11 et 13 volumes in-folio, savoir dans les deux éditions d'Alexandre Scot, de 1606 et de 1614. t. 1er, p. 1433 (1); dans celle de Claude Colombet, dite de la Grande Barbe, de 1637, tome 2, p. 724; dans celle d'Annibal Fabrot, de 1658, t. 5, p. 703 et 704; dans

---

(1) Quoique le passage se trouve à la même page, dans l'édition de 1614, et dans celle de 1606, ce ne sont pas moins deux éditions différentes, comme on le reconnaît en comparant leurs diverses lignes (elles commencent à des syllabes différentes).

celle de Naples, de 1722-1727, t. 5, p. 665 (1); enfin, dans celle de Venise-Modène, de 1758-1782, t. 5, p. 651, 652. Après les avoir toutes
collationnées, le texte de Scot nous a paru devoir être préféré à tous les
autres comme plus exact et plus complet; car (nous en faisons mention dans
les notes de nos Recherches) il y a des mots omis ou changés par Fabrot,
par Colombet et par les éditeurs de Naples et de Venise-Modène : d'ailleurs
ce fragment fait partie, ainsi que le commentaire sur Paul, où on le trouve,
des œuvres posthumes de Cujas (*opera posteriora*) recueillies et
publiées d'après les cahiers de ses élèves; et (nous l'avons reconnu plusieurs
fois) Scot, ayant été l'un de ces mêmes élèves, a pu apercevoir les fautes
des cahiers plus facilement que Colombet et Fabrot, tous les deux trop
jeunes à la mort de Cujas pour avoir pu assister à ses leçons (2).

En second lieu, ce passage si important, lorsqu'on veut apprécier les
effets des écrits de Platon, n'est indiqué ni dans les tables particulières des
volumes de Colombet (t. 2) et de Fabrot (t. 5) où il est contenu, ni dans
les immenses tables générales des éditions de Naples et de Venise-Modène,
dont chacune remplit néanmoins un volume in-folio de près de 700 pages
à 3 colonnes (le nom de Platon ne s'y trouve même pas, non plus que dans
les tables des tomes de Colombet et de Fabrot déjà cités). Il a même
échappé à Pothier, bien que les notes de ses célèbres Pandectes soient
presque toutes puisées dans Cujas. Nous ne l'avons découvert que parce
qu'en travaillant soit à l'histoire du droit romain, soit à celle de Cujas
(in-8°, 1821), soit à nos présidences de thèses à l'Ecole de droit de Paris,
nous avons parcouru une grande partie des OEuvres de ce jurisconsulte.

En troisième lieu, ce passage est tiré de l'explication donnée par Cujas
du paragraphe *ad Namusam* 6, et des suivants de la loi 2, au Digeste
de aquâ et aquæ pluviæ arcendæ (liv. 39, tit. 3), où il est question
des entreprises faites par des propriétaires de deux fonds limitrophes, l'un
supérieur, l'autre inférieur, pour empêcher l'écoulement des eaux pluviales du premier dans le second de ces fonds.

Voici maintenant le texte du passage, d'après l'édition de Scot :

« Hinc vero observa arbitrium aquæ pluviæ arcendæ dari superiori vi-
» cino adversùs inferiorem ut iter aquæ fimo obstructum depleat et aperiat,
» ut similiter in § 1 (3) si fossam agro siccando quam inferior vicinus, in

<hr>

(1) Nous avons aussi vu une édition de Naples, datée de 1758, mais c'est la même que
celle de 1722-1727, dont on a seulement changé le frontispice (les lignes commencent
exactement aux mêmes syllabes).

(2) Lors de cette mort (1590), Fabrot avait à peine dix ans... Colombet paraît avoir été
à peu près du même âge.

(3) D'après ce § 1er, en effet, le propriétaire d'un fonds séparé d'un fonds inférieur par
un fossé destiné de tout temps à recevoir les eaux du fonds supérieur, peut contraindre
le propriétaire inférieur, ou à repurger le fossé lorsqu'il est comblé, ou à souffrir que lui-
même le repurge.

» suo positam habet non repurget, hæc actio datur superiori adversùs in-
» feriorem. Ex diverso quoque eadem actio datur inferiori adversùs supe-
» riorem ut in § *apud Atcïum* 4, *suprà*, si superior negligentior, re-
» missior fuerit in purgandâ fossâ quâ aqua ad inferiorem agrum descendit,
» et sic in L. 1, §*item sciendum* 13, *hoc tit.*, et eodem prorsùs modo
» in *Platonis Legibus Georgicis, lib.* 8, ostenditur superiori in (1)
» inferiorem hanc actionem dari, si inferior aquam, quæ natura fluit, opere
» facto inhibeat per suum agrum decurrere (2) μὴ διδοὺς εὐροήν (3), ut Plato
» ait εὐροήν (4), aqua transitum impediens aquæ transitum εὐροήν, et contrà,
» inferiori dari hanc actionem in superiorem si superior aliter aquam mit-
» tat in inferiorem fundum quam fluere natura soleat. τὰ ῥεύματα (5) mit-
» tens sine ullo consilio modove aquam fluentem *mittens* (6), et hic planè
» locus Platonis expressus est in D. § *item sciendum*, 13 (7). Et multa
» quoque alia auctores nostri in Platone mutuati sunt; edictum ædilitium
» totum sumptum est ex Platone, et interdicta pleraque. »

Présentons à présent, quelques remarques pour l'intelligence de ce
passage (8).

1° Sur ces expressions *hic plane locus Platonis expressus est in
dicto* § *item sciendum* 13... Nous allons rapprocher le texte de Platon
de celui du § 13 qui l'a copié, et enfin de celui de notre Code civil, article
640, où l'on a copié le § 13.

Platon, d'après la traduction de Marsile Ficin, rapportée par un de nos
plus habiles hellénistes, M. Longueville, qui a bien voulu rechercher et
examiner philologiquement, pour nous, le texte grec (nous donnons en
entier ses observations dans un appendice ci-après, page 36), Platon s'exprime comme il suit :

« Si vero aquæ pluviales abundent, et qui inferiores partes habitant aut
» colunt, *defluxum ita prohibeant*, ut superioribus noceant : aut contrà
» si superior inconsideratè fluere *aquas permittens*, inferiori noceat et
» convenire inter se nequeant, urbe quidem ædilis, in agris vero qui agris
» præest, modum imponat. »

---

(1) Cette syllabe essentielle manque dans Fabrot et dans l'édition de Naples.
(2) Colombet lit *deducere*.
(3) Il y a εὖροον dans les éditions de Fabrot, de Naples et de Venise-Modène.
(4) Au lieu de ce mot grec, il y a, dans les mêmes éditions : *Non dans*.
(5) Ces deux mots grecs sont omis dans les mêmes éditions.
   N. B. Voir au sujet : 1° des textes de Platon et de leurs traductions, ci-après l'Appendice, page 36; 2° des répétitions de mots, dans le passage de Cujas, ci-après note 8.
(6) Dans les mêmes éditions, il y a *Aquarum fluentium*.
(7) Voyez ci-après, page 34, le texte de ce paragraphe.
(8) On peut être surpris de trouver, dans ce passage de Cujas, des répétitions de mots;
cela s'explique, en considérant qu'il est dans la copie d'une leçon, et que parfois un professeur fait de semblables répétitions pour fixer davantage l'attention de ses élèves sur certains points.

Voici, à présent, le texte du § 13.

« Item sciendum est, hanc actionem superiori adversùs inferiorem com-
» petere, ne aquam quæ natura fluat opere facto inhibeat per suum agrum
» decurrere : et inferiori adversùs superiorem , ne aliter aquam mittat
» quam fluere natura solet. »

Voici, enfin, le texte de notre article 640 :

« Les fonds inférieurs sont assujettis envers ceux qui sont plus élevés, à
» recevoir les eaux qui en découlent naturellement sans que la main de
» l'homme y ait contribué.

» Le propriétaire inférieur ne peut point élever de digue qui empêche
» cet écoulement.

» Le propriétaire supérieur ne peut rien faire qui aggrave la servitude du
» fonds inférieur. »

Le code français, on le voit, contient un simple développement de la
règle copiée par les Romains dans Platon.

2° *Et multa quoque alia*, continue Cujas, *auctores nostri ex Platone mutuati sunt.*

Par l'expression *auctores nostri*, Cujas indique ordinairement les auteurs du droit romain, soit magistrats, soit jurisconsultes. Dans l'exemple
précédent , il s'agit des jurisconsultes (1) ; dans le suivant , des édiles , et
dans le dernier, des préteurs, auteurs des interdits.

3° *Edictum*, dit enfin Cujas, *edictum ædilitium totum sumptum
est ex Platone, et interdicta pleraque.*

L'édit désigné par le mot *ædilitium* est relatif aux vices rédhibitoires
et est contenu dans le § 1er de la loi première au Digeste *de ædilitio
edicto, et de redhibitione et quanti minoris* (liv. 21, tit. 1). Il n'a
pas moins de dix-huit lignes dans le *Corpus juris academicum.* Les
commentaires et les applications de cet édit forment les paragraphes 2 et
suivants de la même loi, le texte des soixante-quatre lois suivantes et celui
des cinq lois du Code au titre *de ædilitiis actionibus*, et, en tout, en
comptant les paragraphes et les *principium* de chaque loi, environ deux
cent trente décisions.

Les règles de notre Code civil sur les vices rédhibitoires ont été puisées
dans plusieurs de ces décisions. Il serait fastidieux de reproduire, pour le
prouver, un travail du même genre que celui dont nous avons rapporté
les résultats à l'égard de la règle sur les eaux pluviales. Il suffira d'observer
qu'ayant, lors de la publication du Code civil, cherché et noté sur notre

_____

1. C'est-à-dire d'Ulpien, auteur de la loi où se trouve le § *Item sciendum*.

exemplaire, les sources de ses divers textes, nous avons trouvé que les neuf articles relatifs aux vices rédhibitoires ont été puisés surtout dans Domat (liv. 1er, titre de la vente, section xj) ; et en consultant les textes de Domat, on voit que chacun d'eux est puisé dans une loi du Digeste ou du Code relative à l'*ædilitium edictum* : d'où il est clair que Platon peut être encore regardé comme l'auteur primitif des articles 1641, 1642, 1643, 1644, 1645, 1646, 1647, 1648 et 1649 de notre Code.

Les *interdits* puisés, selon Cujas, en grande partie dans Platon, étaient des formules par lesquelles les préteurs ordonnaient ou défendaient certains actes (*M. Pellat*, Du droit de propriété, 1857, p. 48), surtout des actes relatifs à la possession (maintien, acquisition, recouvrement de la possession). L'ordre ou la défense ne terminait pas l'affaire ; mais les parties étaient renvoyées devant un juge qui examinait si l'une d'elles avait contrevenu à l'interdit (*M. Pellat,* ibid.). Les textes des divers interdits et leurs commentaires sont dans les titres 2 à 33 du livre 43 du Digeste. Quelques-unes de leurs décisions ont été adoptées, au moins quant à leurs principes, dans notre Code de procédure, titre des jugements sur les actions possessoires (article 23 à 27) ; mais vu l'expression vague de Cujas, nous ne pouvons savoir quelles dispositions de notre droit sur ce point remontent en quelque sorte à Platon.

En résumé, nous avons indiqué dix de nos textes législatifs, sans compter ceux relatifs aux anciens interdits, dans lesquels Platon nous a servi de modèle il n'y a pas moins de vingt-deux siècles. Mais cette influence sur la législation à un intervalle si prodigieux de temps, est peut-être moins surprenante que la nature des sujets à l'égard desquels elle a été exercée. Quoi de plus trivial, de plus matériel, de plus prosaïque, pour employer des expressions assez en faveur aujourd'hui, que des règlements ou décisions sur le cours des eaux pluviales, sur des ventes d'objets infectés de vices rédhibitoires, par exemple, de chevaux ayant la morve ou le farcin, sur la maintenue ou le recouvrement de la possession d'un champ, le repurgement d'un fossé, le libre cours d'une eau d'arrosage !... Et surtout, quoi de plus éloigné des régions pittoresques de l'imagination où le disciple de Socrate avait parcouru une si brillante carrière !

APPENDICE.

Observations de M. Longueville *citées ci-devant,* p. 33.

Le passage de Platon, cité par Cujas, sur la servitude des eaux pluviales, se trouve dans le traité *de Legibus*, *lib.* VIII, p. 844 D E, *édit. de Henri Estienne,* seulement au lieu de εὐροήν (euroen) *bonum- fluxum*, leçon de Cujas, le texte porte ἐκροήν (ecroen), *defluxum*. Voici le texte avec la traduction de Marsile Ficin :

Ἐὰν δὲ, ἐκ Διὸς ὕδατα γιγνόμενα, τὸν ἐπάνω γεωργοῦντα ἢ καὶ ὁμότοιχον οἰκοῦντα τῶν ὑποκάτω βλάπτῃ τις, μὴ διδοὺς ἐκροήν, ἢ τοὐναντίον ὁ ἐπάνω, μεθιεὶς εἰκῆ τὰ ῥεύματα, βλάπτῃ τὸν κάτω, καὶ περὶ ταῦτα μὴ ἐθέλωσι διὰ ταῦτα κοινωνεῖν ἀλλήλοις, ἐν ἄστει μὲν, ἀστυνόμον, ἐν ἀγρῷ δὲ ἀγρονόμον ἐπάγων ὁ βουλόμενος, ταξάσθω τί χρὴ ποιεῖν ἑκάτερον

N. B. M. Longueville donne ici la traduction de Marsile Ficin que nous avons rapportée (page 33) d'après lui, et ajoute :

 D'après la traduction de Cujas, rapprochée du texte et de la version de Ficin , il est facile de reconnaître que la leçon εὐροήν, forme d'ailleurs inusitée, n'est qu'une faute de copiste ou d'imprimeur, probablement comme εὔροον pour ἔκροον (plus haut, p. 33, note 3).